BEI GRIN MACHT SICH IHR WISSEN BEZAHLT

AF151752

- Wir veröffentlichen Ihre Hausarbeit, Bachelor- und Masterarbeit

- Ihr eigenes eBook und Buch - weltweit in allen wichtigen Shops

- Verdienen Sie an jedem Verkauf

Jetzt bei www.GRIN.com hochladen und kostenlos publizieren

GRIN

Jochen Sawilla

Die Einsamkeit des Akteurs

GRIN Verlag

Bibliografische Information der Deutschen Nationalbibliothek:

Die Deutsche Bibliothek verzeichnet diese Publikation in der Deutschen National-
bibliografie; detaillierte bibliografische Daten sind im Internet über http://dnb.d-
nb.de/ abrufbar.

Impressum:

Copyright © 2009 GRIN Verlag GmbH
Druck und Bindung: Books on Demand GmbH, Norderstedt Germany
ISBN: 978-3-656-04154-2

Dieses Buch bei GRIN:

http://www.grin.com/de/e-book/180988/die-einsamkeit-des-akteurs

GRIN - Your knowledge has value

Der GRIN Verlag publiziert seit 1998 wissenschaftliche Arbeiten von Studenten, Hochschullehrern und anderen Akademikern als eBook und gedrucktes Buch. Die Verlagswebsite www.grin.com ist die ideale Plattform zur Veröffentlichung von Hausarbeiten, Abschlussarbeiten, wissenschaftlichen Aufsätzen, Dissertationen und Fachbüchern.

Besuchen Sie uns im Internet:

http://www.grin.com/

http://www.facebook.com/grincom

http://www.twitter.com/grin_com

Schriftliche Hausarbeit zum Modul 2

Akteure und Strukturen

mit dem Thema:

Die Einsamkeit des Akteurs

vorgelegt von

Jochen Sawilla

im Studiengang

Soziologie M.A.

Am 01.Oktober 2009

an der FernUniversität Hagen

Inhaltsverzeichnis

wenn de amme / Chrüzweg stohsch /
und nümme weisch / wo's ane goht /
halt still und frog / di G'wisse z'erst /
's cha dütsch Gottlob / und folg si`m Roth[1]

0.) Man kann gemeinsam nicht ohne einsam schreiben

Diese Überschrift führt in die Irre zwischen dem in der Theoriegeschichte der Soziologie tragenden Begriff Gemeinschaft und dem theoretisch weniger beleuchteten Begriff der Einsamkeit eine bestünde innige inhaltliche Verbindung. Deshalb kommt zunächst die Sprachgeschichte zu Wort, um dann im Anschluss zu erläutern warum gerade diese Überschrift über der Einführung ins Thema steht und keine andere.

Tatsächlich teilen die beiden Worte nur den Suffix -sam. Ursprünglich eigenständig bedeutete -sam soviel wie 'mit etwas übereinstimmend', 'von gleicher Beschaffenheit sein'. Die Wurzel *mei des aus dem Altgermanischen stammenden Adjektivs 'gemeinsam' bedeutete etwa 'mehreren abwechselnd zukommend'. Das vergleichsweise jüngere Adjektiv 'einsam' ist eine durch Luthers Bibelübersetzung verbreitete Ableitung zum mittelhochdeutschen 'allein'. Der nicht unerhebliche sprachliche Unterschied trotz lautlicher Nähe stellt sich so dar, dass man es bei 'ein – sam' und 'ge – mein – sam' mit zwei unterschiedlichen Worten zu tun hat. Einsamkeit wird aktuell zumeist mit Gemeinschaftslosigkeit beschrieben, was beide Begriffe dann doch wieder in einern Zusammenhang, beinahe in Abhängigkeit zueinander bringt.

Die Inspiration allein, welche von der lautlichen Nähe der beiden Worte ausgeht reicht aus um nach dem Begriff der Einsamkeit in der Soziologischen Theorie zu fragen und allzu reiche Quellen gibt es nicht. Die wenigen Quellen sollten zumindest erlauben festzustellen, ob auch in der Soziologie Einsamkeit in Abhängikeit vom Begriff der Gemeinschaft festgelegt ist. Das wäre aus dem Grunde naheliegend, dass wenn Einsamkeit begrifflich Gemeinschaftslosigkeit im Sinne von allein nicht mitfasst, der Begriff systematisch aus der Betrachtung einer Wissenschaft verschwindet die Soziales aus Sozialem erklärt. Gewandet in die Begriffe Vereinzellung, Isolation, Vollexklusion taucht der topos Einsamkeit im Sinne von Verlassensein, Alleingestelltsein in der Individualisierungstheorie verschiedener Soziologien auf. In diesen Formen dient er als Grundlage der jeweiligen Theorie, wird manchmal auch nur gestreift, bleibt aber immer Teil der Betrachtung von Gemeinschaft in der Anordnung einer Gegenüberstellung von

1 Linke Seite des Johan Peter Hebel Denkmals im Karlsruher Schlossgarten

2

Gesellschaft und Individuum.

Die These dieser Arbeit mit "Die Einsamkeit des Akteurs" zusammengefasst ist, dass Einsamkeit in der Art des menschlichen Zusammenlebens seine Ursache hat und nicht in der Gemeinschaftslosigkeit, Vereinzellung oder Alleinstellung.

Es stellt sich die Frage wie Einsamkeit adäquat beobachtet werden kann. Die in der Handlungstheorie entwickelten Akteursmodelle scheinen dazu geeignet. Die Akteurstehorie beobachtet Handlungswahlen und Handlungswirkungen dort wo gehandelt wird und das ist die Gesellschaft. Sollte Einsamkeit durch Akteursmodelle erklärbar sein ist die These bereits unterstützt. Die Arbeit kann durch den vorgegebenen Rahmen kaum akteursbasierte Theorie sein oder einer Handlungstheorie im allgemeinen nahekommen. Geplant ist vielmehr ein Ausloten der Möglichkeiten die dieser Ansatz zur Erklärung bietet.

Zunächst ist festzustellen inwiefern Einsamkeit soziologisches Thema sein kann. Danach wird auch um den thematischen Rahmen wieder zu fassen notwendig herauszufinden, ob homo sociologicus, homo oeconomicus, emotional man und Identitätsbehaupter die Einsamkeit kennen. Wenn ja, wie erklärt sie der jeweilige Akteur, wenn nein, warum kennen die Akteure die Einsamkeit nicht. Konsequent müsste, ist letzteres der Fall, ein neuer Akteur entwickelt werden. Dem könnte der Rahmen dieser Arbeit nicht Rechnung tragen, spannend aber allein schon ob es zu diesem Versuch kommen muss.

1.) Einsamkeit als soziologisches Problem

Mit dem Titel Dreitzels "*Die Einsamkeit als soziologisches Problem*" liegt der Löwenanteil dieser Arbeit bereits vor. Dreitzel bietet darin eine greifbare Definition des Begriffs der Einsamkeit an. Dieser wird aus Ermangelung von Vergleichsmöglichkeiten für diese Arbeit zunächst unkritisch herangezogen.

"Einsamkeit kann soziologisch beschrieben werden als ein Kontaktverlust zu den Bezugsgruppen, an denen wir unser Verhalten orientieren und die uns Möglichkeiten der Identifikation mit Relevanzbereichen des sozialen Handelns bieten, in denen wir unser eigenes Dasein als sinnvoll erleben."

Die Klarheit dieser Definition machte sie als Ausgang der Untersuchung relevant. Denn was Dreitzel hier als Einsamkeit begrifflich fasst hat nicht viel zu tun mit

3

dem heren Bild von Einsamkeit als geistige Tugend, wie es beispielsweise Schelsky in "Einsamkeit und Freiheit" aus historischer Analyse der Tradition der Hunboldtschen Universität als dort vorfindliches Konzept schildert. Schelsky fand heraus, dass diese habituelle Einsamkeit an Universitäten durchaus gefördert wird. Er führt dies auf die positiven Konnotationen welche Einsamkeit in der deutschen Geistesgeschichte zukommt zurück. In diesem Zusammenhang erstaunt auch wenig warum Studenten nach wie vor in Klausur geschickt werden. Ebenso wenig greift Dreitzel die negative Konnotation, die Einsamkeit im Sinne des Verlassenseins zukommt auf. In der Definition kommen die diskussionsfähigen, aber wertfreien Konzepte Interaktion, Verhaltens und Handlungsorientierung, sinnhaft angezeigte Möglichkeiten, damit Sinn und Erwartungshorizont, Identifikation und Erleben vor. Jedes einzelne der Konzepte unter dem Gesichtspunkt Einsamkeit zu untersuchen und zu beschreiben würde eine Auseinandersetzung mit Dreitzels gesamter Sozialtheorie voraussetzen die stark von Plessners Philosophie geprägt ist. Um der Kürze der Arbeit ein weietres Mal Rechnung zu tragen, wird die Definition auch aus diesen beiden umfangreichen Gründen unhinterfragt für diese Arbeit angenommen. Weiterentwicklungen der Definition müssen ausserhalb dieser Arbeit auf ihren Gehalt anhand der Ansätze genannter Theoretiker geprüft sein.

Die provisorisch verwendete Definition für Einsamkeit macht die Schwierigkeit des Begriffs für die Verwendung in der Arbeit mit der Akteurstheorie deutlich. Als Kontaktverlust beziehungsweise als Verlust von Möglichkeiten sozialen Handelns gefasst ist der Begriff negativ definiert, es kommt zu keiner Motivation sozialen Handelns weil soziales Handeln per Einsamkeit ausgeschlossen ist. Vewendbar wäre nur eine positivere Definition des Begriffs in der ein Sozialbezug vorkommt. Bei Elias' tritt der Begriff im Titel "Die Einsamkeit der Sterbenden"[2] in Erscheinung. Mit Aufsuchen dieses Titels aufgrund allein des Vorkommens von 'Einsamkeit' ist die Gefahr verbunden, hier einem Irrlicht zu folgen. Bei einer Suche nach Worten beispielsweise im Katalog einer Bibliothek oder einer Suchmaschine ergeben sich auch für Einsamkeit derart viele Treffer, dass allein dieses Phänomen schon einer Untersuchung wert wäre. Als einflussreicher Soziologe bietet sich Elias zum einen an, wichtiger aber ist, seine Theorie kennt kein gemeinschaftloses Handeln womit sie hinsichtlich der These dieser Arbeit als sinnvoll erscheint weil sie eine weitere Kontaktaufnahme erlaubt womit sich zwischen Dreitzel, Schelsky und Elias ein erster

---

2   Elias, Norbert 1982. Die Einsamkeit der Sterbenden. Suhrkamp, Frankfurt am Main

Horizont sinnhaft angezeigter Möglichkeiten des Fortfahrens aufspannt.

2.) Die Einsamkeit der Sterbenden

Elias bespricht das Thema Einsamkeit innerhalb einer Darlegung seiner Zivilisationstheorie und Informalisierungsthese am Beispiel des gesellschaftlichen Umgangs mit dem Tod und Sterbenden mit dem Ergebnis „ Der Tod ist ein Problem der Lebenden". Leider verzichtet Elias auf eine knappe Definition der Einsamkeit. Der Menschenwissenschaftler Elias entwickelte auf Basis soziogenetischer und psycho-genetischer Analyse eine an Prozessen orientierten Soziologie. Daran nachvollziehbar spricht Elias nicht von Einsamkeit, sondern von Vereinsamung.

"Daß, (...), die frühzeitige Vereinsamung der Sterbenden gerade in den entwickelten Gesellschaften besonders häufig vorkommt, ist eine der Schwächen dieser Gesellschaften. "[3]

Deutlich unterstreicht Elias hier nicht nur die Annahme der Prozesshaftigkeit von Gesellschaft, sondern stellt vor allem Vereinsamung als Problem moderner Gesellschaft heraus *"Ihr Verfall isoliert sie.[4] Ihre Kontaktfreudigkeit mag geringer, ihre Gefühlsvalenzen mögen schwächer werden,"* aber *"ohne daß das Bedürfnis nach Menschen erlischt."[5]* Elias begreift hier Einsamkeit als eine Zwangshaltung in der sich der Einzelne findet. Ein Selbstzwang des Einzelnen der durch die innerhalb der Modernisierung zunehmenden Zivilisierung über Fremdzwänge internalisiert wird:

"Der Mensch in modernen Gesellschaften wird über gesellschaftliche Regeln hinaus immer stärker auch von Gewissensregeln eingehegt: Darüber ist Inklusion trotz größerer Individuierung der Gesellschaft möglich und die Gesellschaft stabil."[6]

Der Prozeß der Ziviliation veränderte nach Elias' Diagnose auch den Umgang mit dem Tod. Er geht davon aus, das während der Tod früher eine recht öffentliche Angelegenheit war die Pestepedemien radikal den Umgang mit dem Tod veränderten. Davor wurden 'Aussätzige' vor die Stadtmauern verbannt. Mit der Pest wurden Infizierte innerhalb der Stadtmauern in ihren Häusern eingeschlossen, die Pestleichen meist verbrannt. Aus einem Auschluss aus der Gemeinde wurde ein

---

3 Ebd. S. 9
4 Gemeint ist der körperliche und geistige Verfall alternder, sterbender Menschen. (Anm. d. A.)
5 Elias 1982, S. 8
6 Ebd. S.22

Einschluss innerhalb der Stadtmauern; die Pestleichen verschwanden schnell, personalisierte Gräber waren selten. Die hinsichtlich des Umgangs mit den Toten einsetzende Tabuisierung des Sterbens nahm bis ins Heute zu: Tote Körper verschwinden nun schneller und hygienischer als je zuvor. Verändert hat sich auch die Formensprache der Gesellschaft im Umgang mit dem Tod. Friedhöfe, hygienische schnelle Entsorgung der Kadaver, Friedhofsordnungen, bemerkt Elias, „ (...) *sind im Grunde Formen der Distanzierung der Lebenden von den Toten, Mittel, eine empfundene Bedrohung durch die Nähe der Toten von den Lebenden fernzuhalten. - (...) Angst der Lebenden vor dem Tod."*[7]

Zur Angst der Lebenden vor dem Tod, welche eine Angst vor den Sterbenden mit sich bringt, tritt eine Scheu vor Sterbenden, die, so Elias, durch das Unvermögen verursacht wird starke Emotionen zivilisiert auszudrücken. Der Grund für Einsamkeit als Unterlassenshandlung seitens der Sterbenden erklärt er damit, *"Daß der Sinn alles dessen, was ein Mensch tut, in dem liegt, was er für andere bedeutet, (...)."*[8]

Sterbende Menschen wissen um Ängste, die sie bei anderen auslösen und isolieren sich selbst der Bedeutung der eigenen Situation wegen um anderer willen. Während Alternde und Sterbende häufig bereits nur eingeschränkt überhaupt Kontakt zu anderen Menschen aufnehmen können, weil die Teilnahme am öffentlichen Leben durch die Gebrechen unter Umständen nicht möglich ist, lässt sich die Unterlassenshandlung auch auf den Wunsch vieler Alternder und Sterbender zurückführen in ihrer Situation nicht gesehen werden zu wollen.

Einsamkeit kann hier als eine Handlungswirkung, die Wahl als normorientiert verstanden werden. Das Unterlassen von Kontaktaufnahmen folgt in diesem Fall dahingehend gemäß Elias Normen, dass aus Fremdzängen aufgrund zunehmender Verdichtung der Verflechtungen zwischen den Menschen zunehmend Zwänge der Selbstdisziplinierung der eigenen Bedürfnisse und Triebe gefordert sind und sei es das Bedürfniss nach Kontakt mit Menschen.

3.) Die Einsamkeit in den Akteursmodellen

Es lässt sich schon festmachen, dass innerhalb des Angebots der Akteurstheorie mit der Unterlassungshandlung wie durch Elias beschrieben ein

---

7   Ebd S.52
8   Ebd. S.54

normorientiertes Handeln gibt, dass in einer bestimmten Situation, dem Sterben, auf Einsamkeit zielt. Wir haben hier also einen homo sociologicus, aber der Akteur ist noch nicht zwangsläufig einsam, sondern möchte es nur sein. Selbst wenn der normorientierte Akteur hier alle Anstrengungen unternimmt jeden Kontakt zu unterlassen um durch kompletten Kontaktverlust zu Bezugsgruppen in Dreitzels Definition zu fallen, bleiben es die Bezugsgruppen an denen sich Verhalten orientiert und die Möglichkeiten der Identifikation mit Relevanzbereichen des sozialen Handelns bieten. Einsamkeit kann soweit nicht durch einen normorientierten Akteur erzeugt werden, wenn die Einsamkeit selbtst nicht die Norm ist und sich die Bezugsgruppen auch aus Akteuren zusammensetzen, die aus welchem Antrieb auch immer auf Einsamkeit zielen.

Elias gibt in bereits angeführtem Aufsatz einen nicht unwichtigen Hinweis auf eine Gesellschaft in der Einsamkeit zumindest potentiell als Norm zur sinnhaften Orientierung für den normorientiert Handelnden zur Verfügung steht, allerdings kann ein normorientierter Akteur darin nur sehr eingeschränkt vorkommen. Eigentliches Problem für den homo sociologicus ist, dass es in Elias Auffassung speziell der modernen Gesellschaft nur zu wenig Normen kommen kann an denen sich Handlung orientieren lässt. Die einzig denkbare Norm wäre hier nach Nutzenserwägung zu handeln, wie sich aus folgender Stelle benannten Aufsatzes Elias' über die Einsamkeit ableiten lässt.

"Allzu oft sehen sich Menschen heute als vereinzelte, von anderen total unabhängige Individuen. Den eigenen, als isolierbar verstandenen Interessen nachzugehen erscheint dann als das Sinnvollste, was ein Mensch tun kann. Als wichtigste Lebensaufgabe stellt es sich dann dar, nach einer Art von Sinn für sich allein zu suchen, einem Sinn, der unabhängig von allen anderen Menschen ist."[9]

Kann der sich vereinzelnde, sich unabhängig wägende, eigenen Interessen folgende Akteur erwarten das alle anderen Akteure ihr soziales Handeln an gleichen Relevanzbereichen orientieren, wird Kontaktverlust insofern zweckrational, dass der Akteur seine eigene Zielerreichung sichert indem er die Zielerreichung aller anderen unterstützt. Der homo sociologicus muss sich in diesem Entwurf, um normorientiert zu handeln, zum homo oeconomicus wandeln, weil die einzig mögliche Norm die Ausrichtung an eigenen Interessen ist. Andere Normen werden sich aufgrund der Kurzlebigkeit, welche Interaktionen unter diesen Bedingungen zukommen muss kaum einschleifen. Der 'unechte' homo oeconomicus, 'unecht' weil er eigentlich wie

---

9 Ebd. S.54f.

beschrieben normorientiert handelt, schafft es nur durch konsequente Reduktion von Kontakten seine eigene Ziele rational zu verfolgen. Dennoch bleibt er in der Zielverfolgung kaum von Abhängigkeiten verschont. Lässt sich ein Sinn des Daseins für den Einzelnen noch suchen und finden ist der Mensch als Mängelwesen im Sinne Gehlens immer noch zumindest von Institutionen abhängig, die zwar ebenso als Akteur auftreten und nach eigenen Interessen handeln, aber mit denen sich der Kontakt nicht abbrechen lässt, was in der Ausgangsdefinition Einsamkeit grundlegend zu sein angenommen wird. Der 'echte' homo oecomicus, selbst wenn er erwarten kann das jeder in der Gesellschaft gleichermaßen nach eigenen Interessen orientiert ist, erwächst zwar hinsichtlich seiner eigenen Orientierung der Vorteil dass sein Handeln qua wenig Interaktion auf wenig Widerstände trifft, diese Widerstände aber kaum abzuwägen sind, da er nicht auf Vorfindbares trifft sondern nur auf neue Risiken. Kurz; ist es für jeden zwecknäher aneinander vorbeizugehen, vorbeizureden, vorbeizuleben sind Kollision nicht absehbar und kaum kalkulierbar. Weitestgehende Abkappselung von Gesellschaft wird zu rationaler Wahl.

Einige Randerscheinungen aus denen sich vor allem das Bild der heren Tugend Einsamkeit in der Geistesgeschichte seine Inhalte schöpft erscheinen hier. Es sind dies die Einsiedler, die Eremiten, die Zarathustras, Propheten in der Wüste, Höhlenbewohner.[10] Diese stehen aber in ihrem Handeln zunächst mal der Natur gegenüber und nicht der Gesellschaft. Ihr Handeln kann kaum noch als soziales Handeln unterschieden werden. Einsamkeit wird aber auch hier nur durch das Handeln erzeugt, bleibt Handlungswirkung. Es kann unterstellt werden, dass bei der hier angerissenen Gruppe Identitätsbehauptung das Motiv der Einrichtung der Einsamkeit ist.

Im Rahmen allgemeiner Kritik an utilitaristischen Konzepten führt Bennett beim Thema Orientierung an eigenen Interessen das Beispiel Thoreaus' Walden an, mit der Behauptung, dass dieser Einsamkeitsform eine Moral zu eigen ist.[11] Das zielt wieder auf einen homo sociologicus Eremiten. In gewählter Einsamkeit kann auch der homo sociologicus am handeln sein, sofern eigene Moral der Definition genügt.

Auch das vierte bekannte Akteursmodell der emotional man kennt ebenso wie gerade erläuterte Modelle die Einsamkeit. Dreitzel hebt besonders hervor, dass *"Nicht jeder der allein ist, fühlt sich einsam, während umgekehrt das Gefühl der*

---

10 Zur Einsamkeit als Motiv siehe "Assmann, Alaida - Einsamkeit"

11 Benett, Jonathan 1995: *(Thoreau)* "Probably I should not (...) forsake my particular calling of doing the good which society demands of me, to save the universe from annihilation." These Passages express disdain for self sacrifice, suggesting that there is something contemptibly yielding about it; thier moral equivalent will be a severe mandating form of morality of self interest. S.153

Einsamkeit uns oft gerade dann beschleicht, wenn wir unter Menschen sind." [12]

Dann kann Einsamkeit durchaus Anlass zu Handlung geben. Beispielsweise durch die Flucht ins Alleinsein um Einsamkeit, die von der Gruppe in irgendeiner Weise ausgeht zu unterbinden oder die Flucht in die Gemeinschaft im Sinne einer Vertiefung der Beziehungen um das Gefühl der Einsamkeit umzumünzen. Abhängig ist die Handlung aus Einsamkeit in diesem Falle davon ob sie anegenehm oder unangenehm empfunden wird und ob Alleinsein oder Gemeinschaft jeweils dazu beiträgt die Einsamkeit zu fördern oder zu unterbinden. Theoretisch möglich ist im Modell des emotional man ein nur auf dem Gefühl von Einsamkeit handelnder Akteur, wobei es sich dabei um ein sehr stark reduziertes Modell handelt, das der Vielheit beschreibarer Gefühle nicht gerecht werden kann.

Bis hier konnte nur mit dem emotional man ein Akteur gefunden werden bei dem Einsamkeit tatsächlich Triebfeder des Handelns sein kann. Der normorientierte Akteur zielt dann auf Einsamkeit ab, wenn diese situativ durch Normen vorgegeben wird. Wird Einsamkeit zu einer Norm muss Handeln an eigenen Interessen orientiert werden, das heisst der homo sociologicus muss rationale Entscheidungen entlang seiner eigenen Erwartungen stellen und wird damit zum verzweckten Akteur, dem homo oeconomicus. Der Identitätsbehaupter kann auch auf Einsamkeit abzielen, aber Antrieb bleibt die Behauptung der Identität.

Akteure kennen die Einsamkeit allgemein als Handlungswirkung. Der emotional man kennt Einsamkeit als Triebfeder von Handlung. Für den homo sociologicus stellt sich die Schwierigkeit, dass Einsamkeit als Norm ihn auf sich selbst zurückwirft womit er entweder zum Identitätsbehaupter oder zum Homo oeconomcus wandeln muss. Der einsame Identitätsbehaupter hat es ebenso schwer, das er in Einsamkeit sich kaum in dieser Form behaupten muss. Der homo oecomicus ist Risiken ausgesetzt die keine zweckrationale Handlung mehr zulassen.

Einsamkeit, gleich unter welchem Akteursmodell betrachtet kann, wenn interaktionsabhängig gedacht, nur zeitweilig aufzutreten. Zuerst weil soziales Handeln auch als Interaktion definiert ist und Interaktionen immer zeitlich, räumlich und inhaltlich limitiert ist.

---

12 Dreitzel, Hans Peter 1970: Auf dem Einband der Ausgabe und S.7.

4.) Einsames Handeln und 'In sich sein.'

Wohin gehen die Akteure wenn sie einsam handeln, also sich nicht in Interaktion befinden? Bei Luhmann taucht der Begriff des *"interaktionsfreien sozialen Handelns"* im Kontext der Möglichkeiten sozialen Handelns auf. In Begleitung Luhmanns droht die Gefahr die Handlungstheorie zu verlassen, Akteursmodelle sind der Theorie Sozialer Systeme weitestgehend fremd. Dennoch spricht die Entwicklungsgeschichte Luhmanns Theorie dafür Rückschlüsse in diese Arbeit zu erlauben. Luhmann wurde lange als Nicht – Menschenwissenschaftler verstanden. Sein Ansatz ist allerdings dem Elias in Grundzügen recht ähnlich. Es ist kein Gegensatz der dazu reizt diese Quelle aufzusuchen - folgende Stelle verspricht einen Beitrag zum Begriff Einsamkeit entlang der Definition:

> *"Es gibt (..) interaktionsfreies soziales Handeln. Schließlich können Menschen auch ohne Anwesenheit anderer handeln und ihrem Handeln einen Sinn geben, der für sie (oder einen etwaigen Beobachter) auf Gesellschaft verweist."*[13]

Allgemein zeigt Luhmanns Handlunsgbegriff deutliche Entlehnung vom Handlungsbegriff Max Webers. Luhmann unterscheidet Webers Begriff nochmal nach Bezug des Handelns und Intention des Handelns. Im sozialen Handeln wird die Sozialdimension mitberücksichtigt, dass heisst es wird an der Haltung anderer dazu orientiert. Bei Weber, erweitert in Unterlassens und Duldungshandlungen, am *"vergangenen, gegenwärtigen oder zu erwartenden Verhalten anderer"*[14] . Von Haltung des Handelnden zu einer Handlung ist bei Weber nicht die Rede. In gesellschaftlichem Handeln ist bei Luhmann Kommunikation intendiert, was sich aus der Ersetzung des Primats des Handelns mit dem Primat der Kommunikation in kritischer Auseinandersetzung mit der Handlungstheorie Parsons erklärt. Interaktionsfreies soziales Handeln bei Luhmann auch *'einsames Handeln mit Sinnbezug auf die Gesellschaft'* verweist auf das Konzept Webers vom inneren Sichverhalten, das nur soziales Handeln ist wenn es sich auf andere auf die Gemeinschaft bezieht. Luhmanns empfiehlt zur besseren Vorstellung einsamen sozialen Handelns:

> *"Man denke etwa an Übergänge von einer Interaktion in andere ohne unmittelbaren Anschluß; an Handlungen der Körperpflege unter Ausschluß der Beobachtung durch andere (...) Lesen, Schreiben (...). Man bereitet sich auf*

---

13 Luhmann, Niklas 1987 S. 580. Zum Handlungsbegriff bei Luhmann ebd . S. 191ff.
14 Weber, Max (1976): S.29

Interaktion vor.[15]

Luhmann zeichnet hier deutlich Situationen in denen einsames Handeln mit Sinnbezug auf die Gesellschaft anzutreffen ist. Teilweise spielt hier wieder die Zivilisation wie durch Elias beschrieben, bzw. Kultur in eigentlichen Wortsinn der Körperpflege mit. Es gibt zwar medizinische Gründe für die Körperhygiene, aber einige Handlungen der Körperpflege sind doch recht nach der Mode und haben in diesem Rahmen mit Normerfüllung zu tun. Zu Nachverfolgung interessant ist Luhmanns Annahme, das Interaktionsübergänge einsamem Handeln bedürfen aufgrund einer Notwendigkeit der Vorbereitung auf Interaktion. Denn Interaktion wie Kommunikation erachtet Luhmann als äusserst schwierig, wenn nicht sogar als unwahrscheinlich.

Speziell für Kommunikation wird angenommen, das erstens Sinn nur kontextabhängig verstanden werden kann und Verstehen immer auch Misverstehen miteinschließt, während Misverstehen wahrscheinlicher ist. Zweites Problem ist die Anwesenheit von Adressaten. Unwahrscheinlich ist, das man mit Kommunikation mehr Adressaten erreicht werden, als in der Interaktion anwesend sind. Das Interaktionssystem der Anwesenden garantiert zumindest die Möglichkeit der Kommunikation, dessen Regeln gelten aber nicht zwangsläufig ausserhalb des Interaktionssystems beziehungsweise ist es unwahrscheinlich in verschiedenen Interaktionssystemen auf gleiche Regeln der Interaktion zu treffen. Die Dritte Unwahrscheinlichkeit besteht darin dass Kommunikation bloss weil sie stattfindet nicht zwangsläufig zu einer Interaktion führen muss. Die Intentionen können genausogut erfolglos verpuffen, weil trotz Anwesenheit von potentiellen Teilnehmern und geteiltem Kontext unter den Teilnehmern es im Vermögen und Wollen des Gegenübers liegt, ob er mit in die Interaktion eintritt oder die Interaktion nur eine Aktion ist. Bevor es zur Kommunikation kommt, wenn überhaupt, vollbringen wir nach Luhmanns Annahme eine Menge an Aanstrengungen die zwar auf Kommunikation abzielen deswegen sozial sind und auch von der Soziologie als Beobachter betrachtet werden können, aber noch in Einsamkeit stattfinden. Eine Einsamkeit bei der Gemeinschaft anwesend ist.

5.) Die Einsamkeit des Handelnden

Luhmanns Theorie entstand wie bereits erwähnt in Auseindersetzung mit der Handlungstheorie Parsons. Damit stehen die Chancen gut, dass sich das Konzept der

---

15Luhmann, Niklas 1987 S. 580.

Unwahrscheinlichkeit der Interaktion darin finden lässt. Dieser Umschwung, der Systemtheoretiker würde es einen Rückschritt nennen, auf die Handlungstheorie ist unbedingt notwendig da Luhmann nicht innerhalb von Akteursmodellen argumentiert, vielmehr in seinen Überlegungen nicht von Handlung sondern von Kommunikation ausgeht.

Parsons entwickelt seine voluntaristische Handlungstheorie in Abgrenzung gegenüber zwei großen Denkrichtungen, der positiv – utilitaristische Handlungstheorie einerseits, auf der anderen Seite gegen den deutschen Idealismus von Hegel bis Weber. Die positiv – utilitaristische Handlungstheorie geht von beobachtbaren Ursache Wirkung Verkettungen aus, während der deutsche Idealismus von einem objektiven Geist ausgeht der sich in allen Einzelhandlungen niederschlägt. Parsons Akteur bewegt sich damit zwischen dem klassischen homo oeconimicus und einem Handeln mit dem Antrieb einer fast religiös anmutenden Vernunft. Parsons möchte in seiner Handlungstheorie begrifflich fassen, daß und wie sich handelnde Personen Gruppen oder Kollektive sich zu ihren Handlungen verhalten.

Der "unit act" ist das Zentrum seiner Handlungstheorie. Er setzt sich aus verschiedenen Handlungselementen zusammen, die zusammen die elementaren Vorraussetzungen für das Zustandekommen einer konkreten Handlung sind. Grundlegend ist jeder Handlung dass es mit dem Akteur eine ausführende Instanz gibt. Zielverfolgung ist so verstanden weiterer elementarer Teil einer Handlung, dass die Handlung an einer Änderung des gegenwärtigen Zustands orientiert sein muss. Die zielorientierte Handlung findet in einer bestimmten Situation statt anhand derer der Akteur seine Handlungen ausrichten muss.

Was Luhmann als Unwahrscheinlichkeit der Kommunikation bennent, findet sich im 'unit act' wieder. Wird die Handlung ausserhalb Interaktionen ausgeführt, sind also nicht noch andere Handelnde daran beteiligt, nimmt die Wahrscheinlichkeit des Zustandekommens von Handlung zu, da der gegenwärtige Zustand im Gegensatz zum Handeln unter Handelnden eher erfassbar ist. Muss Handlung am Zustand quirligen Zusammenhandelns orientiert werden ist eine Zustandsänderung kaum durchführbar, weil der Zustand kaum feststellbar ist. Eine Situationdiagnose ist de facto kaum leistbar. Selbst der geübte Soziologe, der Macht, Umfang und Vielfalt einer Situation methodisch einzuschätzen vermag muss in der Situationsdefinition notwendig an Grenzen stossen, muss sie sich zu allem Überfluss selber ziehen. Nach Esser ist bei der Bestimmung einer Situation mit einigen der folgenden Anomalien zu rechnen:

" (...) Erwartungen und Bewertungen, Umkehreffekte und Intransivitäten bei den Präferenzen und Erwartungen, Besitztumseffekte, alle möglichen Urteilsverzerrungen und logischen Fehlern, die Abhängigkeit von Urteilen von den Referenzpunkten, sunk – cost Effekte, die Niedrigbewertung von Opprotunitätskosten gegenüber unmittelbaren Kosten und Vorteilen, Sicherheitspräferenzen, (...)" usw.

So weit können sich Situationen gegenüber soziologischer Forschung belaufen. Die Wissenschaft hat eine Vielzahl von Methoden entwickelt und mehrfach geprüft, um sich vorsichtig Situationsbeschreibungen zu erlauben. Mit fehleranfälligem Handwerkzeug das nur durch disziplinierten Umgang Erfolg verspricht, kaum einem Soziologen vollständig zur Verfügung steht und sebst jenen die das meiste kennen nur ungefähre Aussagen zulässt. Zusätzlich mit der Möglichkeit einer auf Strukturannahmen beruhenden Beobachtung zweiter Ordnung belastet bleibt die Problemstellung Situation trotz aller Einsicht dem Soziologen als Akteur erhalten.

Gemäß Parsons muss es, unabhängig von den situationsspezifisch divergierenden Handlungszielen einzelner Akteure, gemeinsam geteilte Werte der Gesellschaft geben. Durch Sozialisation werden in seiner Theorie dem Akteur diese Werte eingeschrieben. Parsons Akteur handelt immer wertorientiert, subjektives Handeln ist grund Kongruenz der Werte des Einzelnen mit denen der Gesellschaft systematsich ausgeschlossen. Das heist, Parsons Theorie kennt nur den homo sociologicus. Parsons umgeht die mit Esser angeführte Problemstellung, welcher der Akteur bei Situationsbewertungen ausgesetz ist mit einer Vereinfachung in dichotomisch gebaute Kategorien anhand derer Akteure sich orientieren. Affektivität und affektive Neutralität; Selbstorientierung und Kollektivorientierung; Partikularismus und Universalismus; Zuschreibung und Leistungsorientierung; Diffusität und Spezifität. Womit bei Parsons jede Handlung in ein Entscheidungsdilemma führt. Erst nachdem der Akteur eine Serie von Entscheidungen getroffen hat bieten sich für ihn *Möglichkeiten der Identifikation mit Relevanzbereichen des sozialen Handeln, in denen Dasein als sinnvoll erlebt* wird. Der Weg den die Handlung durch die Entscheidungsinstanzen geht ist zwar sozial gerichtet, aber bis zur abschließenden Entscheidung interaktionsfrei und erfüllt den Begriff des einsamen Handelns wie ihn Luhmann übernimmt.

Parsons Vorhaben genügte die Annahme, dass sich die erfahrbare Welt aus normorientierten Akteuren zusammensetzt die gemeinsame Werte teilen. Das schmälert nicht das Ergebnis seiner Arbeit, war aber meist der Kritikpunkt an seiner Theorie. Stimmen die Annahmen seiner Kritiker, dass es eben keine Werte gibt die alle gleichermaßen teilen, dann steigern sich für den Akteur allein schon mit den fünf Kategorien die Parsons zuspricht die ohnehin schon hohe Anzahl an Wahlmöglichkeiten.

Hinzu tritt das unwahrscheinliche Zustandekommen des 'unit act' aus oben angeführten Gründen.

Daraus ergibt sich ein bisher in der Untersuchung noch nicht berücksichtigtes Bild vom Akteur. Dieser Akteur orientiert bereits die Vorentscheidungen seines Handeln an sich qua Interaktion ständig ändernden Randbedingungen die nur gleichsam der Unwahrscheinlichkeit angemessener Möglichkeiten des Zugriffs auf einen Zustand diesen verändernd vollzogen werden. Die Frage die sich hier aufzwängt ist danach ob Handeln trotz aller Unwahrscheinlichkeit überhaupt möglich ist. Die Frage muss mit ja beantwortet werden den Handlungswirkungen sind sichtbar nicht nur für die Handlungstheorie sondern auch trivial betrachtet, und wo diese sichtbar sind wird auch gehandelt. Die Frage ist vielmehr welche Akteursmodelle für diese Themenstellung noch tragfähig sind, wenn der homo sociologicus keine Normen hat an denen er sich orientieren kann, der homo oeconicus keine Erwartungshorizont mehr kennt anhand dessen er seinen Nutzen maximieren kann, der Identitätsbehaupter ohne Effekt handelt und der emotional man ständig sich ändernden Situationen ausgesetzt ist.

6.) Einsamkeit als Handlungsgrundlage

Unter erhobenen Vorraussetzungen mit Rückgriff auf die Ausgangsdefinition gilt die Interaktion als Bezugsgruppe und Relevanzbereich des Handelns an sich. Handlungsorientierung hinichtlich zu treffender Vorentscheidungen sind nur hinsichtlich der zeitlichen, räumlichen und inhaltlichen Grenzen von Interaktionen möglich, wobei die inhaltliche Dimension aufgrund ihrer Abhängigkeit von den Dimensionen, Raum, Zeit, Teilnehmer, deren getroffenen Vorenstscheidungen und deren daraus resultierenden Zusammenhandelns als Situation vorab keine sinnhaft angezeigte Möglichkeiten bietet an denen sich Handeln orientieren lässt und sich die sinnhaft angezeigten Möglichkeiten innerhalb der Interaktion aus gleichen Gründen sich ständig ändern. Die Akteure ruhen sozusagen ständig in Vorbereitung auf Interaktion, in interaktionsfreiem sozialen Handeln. Einsamkeit kommt damit allen Akteuren gleichermaßen zu.

Der von Dreitzel gefasste Kontaktverlust stellt sich nun auf neue Weise als Problem dar. 'Kontaktverlust' impliziert, dass es Kontakt zu verlieren gab. Hier heißt

Kontaktverlust aber, dass es eher der Verlust der Möglichkeit des Zustandekommens von Kontakt ist, der Einsamkeit ursächlich bedingt. Ein Kontaktverlust der allen Handelnden gleichermaßen zukommt. Bevor der Akteur Triebfedern des Handelns lösen kann, welcher Beschaffenheit diese Triebfeder auch ist, ob Norm, Nutzen, Gefühl, Identität bedarf es einer Zustandsänderung weg von der Einsamkeit im Sinne interaktionsfreiem sozialen Handelns. Der Handelnde handelt zuerst hinsichtlich der Befindlichkeit seiner Antriebe in einer Art Laststellung. Die Triebfedern liegen ihm alle gespannt vor, die Entscheidung ist aber zunächt 'Einsamkeit' oder 'Handeln'. Ähnlich einem Pianisten der erst durch den Anschlag der Tasten möglichen Harmonien und Disharmonien sowie der Gefahr gegenübersteht ein verstimmtes Instrument vor sich zu haben. Können Handelnde ihre eigenen Antriebe erst während des Handelns kennenlernen.

7.) Einsicht und Aussicht

Die Untersuchung befindet sich damit an einer Stelle an der sich ihr Thema entscheidend ändert. Nachdem der Arbeit kann als ihr Ergebnis zugeschrieben werden kann, Einsamkeit als Handeln zugrundeliegenden Zustand abgeleitet zu haben stellt sich nun die Frage, welche Impulse diesen Trägheitsmoment der Einsamkeit hin zur Auswahl der ersten Handlungsvorenstcheidung, die dann in ein Akteursmodell einmündet überwinden. Damit einher geht die Frage durch was diese Impulse geformt werden, welcher Intensität sie sein müssen und unter welchen Bedingungen sie ausgelöst werden.

Hier drängt sich der Verdacht auf es könnten Phänomene in Betracht kommen die ausserhalb der Soziologie beobachtet werden müssen und von dort aus in die Theorie aufgenommen werden. Es finden sich aber auch in der soziologischen Theoriegeschichte Ansätze die sich mit dem Zuständlichen, dem Habituellen des Akteurs beschäftigen und versprechen für dieses Unterfangen fruchtbare Ergebnisse liefern zu können. Die Arbeit leitet beispielsweise zum Ausgangspunkt der Theorie Bourdieus zu strukturierten strukturierenden Strukturen des Handelns. Die Überwindung des Trägheitsmoments Einsamkeit als Entscheidung betrachtet verweist auf die Entscheidungstheorie. Wie durch den Besuch vor allem der Quellen Elias und Luhmann im Verlauf der Arbeit deutlich wird, steht für die Weiterentwicklung der These transdisziplinäres methodisches Vorgehen in Aussicht, dass in vorliegender Arbeit zu kurz kam. Wohl wurde hier recht sprunghaft zwischen verschiedenen Soziologen und deren Theorien gewechselt, was der Untersuchung nicht an allen Stellen besonders zuträglich war und letzendlich das Ergebnis doch sehr verwischt und die Definition verdunkelt hat, aber transdisziplinäres Vorgehen kann mit einem kurzen Ausflug in die Sprachgeschichte und einem einzigen Aufruf aus der Literaturwissenschaft, der einem philosophischen Text eingeschrieben war nicht behauptet werden. Auch die als notwendig erachtete unkritische Übernahme einer Definition, die auf der Grundlage einer der Untersuchung unbekannten Theorie gefasst wurde, die wiederrum an unbekannte Theorie anschließt bot kein ausreichend stabiles Fundament. Der Versuch über die Auseindandersetzung mit den Akteursmodellen der These zu begegnen, das Einsamkeit ursächlich auf Gemeinschaft und nicht auf Gemeinschaftslosigkeit zurückzuführen bestätigte diese dahingehend. Es wird nach dieser Untersuchung angenommen, dass die Problemstellung der Unwahrscheinlichkeit des Zustande-kommens von Gesellschaft sich auf den Akteur dadurch auswirkt, dass die zu treffenden Vorentscheidungen des Handelns welches notwendig an Gemeinschaft orientiert ist der Handelnde einsam trifft, wobei die Einsamkeit in gleichem Verhältnis zum Handelnden steht wie die Unwahrscheinlichkeit des Zustandekommens von Gemeinschaft zum Handeln.

Hier wird das die Arbeit einführende Gedicht nocheinmal belastet. Der Karlsuher Mundartdichter führt an, dass die Auswahl des Handelns, die dilemmatische Entscheidung die er mit dem Stehen am Kreuzweg verbildlicht, eine belastende ist die jede Handlungsentscheidung zuerst einmal auszuschließen droht - *und nümme weisch / wo's ane goht /.* Dem Trägheitsmoment des Stillhaltens vor der Handlungsentscheidung schreibt er die positive Eigenschaft zu, dass nun eine Wendung auf Impulse möglich ist, die den Handelnden auf sich selbst zurückwirft. Das 'Gottlob' ist hier keinesfalls als die objektive Vernunft zu verstehen, den der deutsche Idealismus dem Handelnden andichtet. Die Wendung heist ein fröhliches Heureka zu rufen und speziell in diesem Zusammenhang dann, wenn sich ein Gewissen einstellt dessen Rat befolgt werden kann, wenn also noch ein Anfangsimpuls des Handelns aus eigener Kraft erzeugt werden kann und keine Weisungen diesen vorgeben.

Literaturverzeichnis

Assmann, Aleida (Hrsg.), 2000: *Einsamkeit – Archäologie der literarischen Kommunikation Bd.6*
Fink. München.

Bennett, Jonathan, 1995: *The Act itself.* Oxford University Press. New York

Dreitzel, Hans Peter, 1970: *Die Einsamkeit als soziologisches Problem.* Arche.Zürich

Elias, Norbert, 1982. *Die Einsamkeit der Sterbenden.* Suhrkamp, Frankfurt am Main

Esser, Hartmut, 2004: *Soziologische Anstösse.* Campus. Frankfurt.

Luhmann, Niklas, 1984: *Soziale Systeme – Grundriß einer allgemeinen Theorie.*Suhrkamp.
Frankfurt am Main

Münch, Richard, 1988: *Theorie des Handelns – Zur Rekonstruktion der Beiträge von Talcott
Parsons, Emile Durkheim und Max Weber.* Suhrkamp. Frankfurt am Main.

Parsons, Talcott, 1986: *Aktor, Situation und normative Muster.* Suhrkamp. Frankfurt am Main.

Schimank, Uwe: *Soziologische Akteurmodelle.* Studienbrief 03750 der Fernuniversität Hagen

Schluchter, Wolfgang (Hrsg.), 1979: *Verhalten, Handeln und System – Talcott Parsons Beitrag zur
Entwicklung der Sozialwissenschaften.* Suhrkamp. Frankfurt am Main.

Weber, Max, 1976: *Soziologische Grundbegriffe.* In: Weber, M.: Wirtschaft und Gesellschaft. 5.
revidierte Aufl., Tübingen (Mohr), S. 1-30